AF364581

ESTE LIBRO PERTENECE A:

LA TIERRA ES UN LUGAR MARAVILLOSO, ¿VERDAD QUE SÍ? ¡SOBRE TODO PORQUE TÚ ESTÁS EN ELLA! Y TAMBIÉN POR LA VARIEDAD DE SERES QUE LA HABITAMOS.

LOS ANIMALES VIVIMOS EN LA TIERRA PARA DISFRUTAR, JUGAR Y VER CRECER A NUESTRAS FAMILIAS Y AMIGOS, ¡IGUAL QUE TÚ! PERO DESGRACIADAMENTE ALGUNOS COMPORTAMIENTOS DE LOS SERES HUMANOS ESTÁN PROVOCANDO QUE MUCHOS DE LOS INCREÍBLES ANIMALES QUE POBLAMOS LA TIERRA ESTEMOS A PUNTO DE DESA-PARECER. ¡Y ESO NO LO PODEMOS PERMITIR! ¿A QUE NO?

A CONTINUACIÓN VARIOS ANIMALES QUE ESTÁN EN PELIGRO DE EXTINCIÓN VAN A CONTARTE ALGUNAS DE LAS COSAS QUE LES HACEN TAN ESPECIALES.

DESPUÉS DE CONOCERLES MÁS A FONDO, ESTAMOS SEGUROS DE QUE LOS VAS A QUERER AÚN MÁS Y VAS A LUCHAR PORQUE SIGAN VIVIENDO EN LA TIERRA ¡POR MUCHOS, MUCHOS AÑOS MÁS!

LA TIERRA

HOLA, SOY EL
GORILA DE MONTAÑA

COMPARTIMOS HASTA EL 98% DEL ADN CON EL SER HUMANO, SOMOS UNA DE LAS ESPECIES MÁS SIMILARES A LA TUYA. ¡HOLA PRIMO!

POR ESO NO TE EXTRAÑARÁ QUE PODAMOS DEMOSTRAR SENTIDO DEL HUMOR, PENA, EXHIBIR COMPORTAMIENTOS PLANIFICADORES Y QUE TENGAMOS UNA GRAN MEMORIA.

SOY TAN FUERTE COMO 4 U 8 HOMBRES JUNTOS.

NOS COMUNICAMOS MEDIANTE GESTOS, POSTURAS CORPORALES, EXPRESIONES FACIALES, SONIDOS VOCALES, CHASQUIDOS Y OLORES.

¿QUE POR QUÉ NOS GOLPEAMOS EL PECHO? ES UNA DEMOSTRACIÓN DE FUERZA, ASÍ CREAMOS UNA ESPECIE DE SONIDO DE TAMBOR QUE MUESTRA NUESTRA BUENA SALUD, EVITANDO QUE OTROS DE NUESTRA ESPECIE U OTROS ANIMALES NOS MOLESTEN.

SÓLO QUEDAMOS UNOS

1.000

GORILAS DE MONTAÑA EN EL MUNDO

HOLA, SOY EL
ARMADILLO

LLEVO EN LA TIERRA ¡DESDE LA ERA DE LOS DINOSAURIOS!

SOY DE HÁBITOS NOCTURNOS, MUY ESCURRIDIZO Y TÍMIDO Y ME ORIENTO POR EL OLFATO Y MI AGUDO OÍDO.

SOY UN EXCELENTE NADADOR Y PUEDO FLOTAR EN EL AGUA GRACIAS A QUE ATRAPO AIRE EN MIS INTESTINOS.

POSEO GARRAS AFILADAS CON LAS QUE CAVO MADRIGUERAS BAJO TIERRA Y CON LAS QUE BUSCO NIDOS DE HORMIGAS. ¡ÑAM!

CUANDO ME ASUSTO PUEDO SALTAR EN EL AIRE A UNA ALTURA DE CASI UN METRO.

SOY CAPAZ DE DORMIR MÁS DE 16 HORAS AL DÍA. ZZZZZZZZ

SÓLO QUEDAMOS UNOS
3.500
ARMADILLOS EN EL MUNDO

HOLA, SOY LA
BALLENA AZUL

SOY EL ANIMAL MÁS GRANDE DEL PLANETA. LAS ALETAS DE MI COLA PUEDEN SER TAN ANCHAS COMO UNA PORTERÍA DE FÚTBOL.

MI CORAZÓN PUEDE PESAR CERCA DE 900 KILOS. SÓLO PALPITA UNA VEZ CADA 10 SEGUNDOS Y PUEDE SER ESCUCHADO DESDE 3 KILÓMETROS DE DISTANCIA. ¡ESTATE ATENTO CUANDO BUCEES!

CUANDO SALIMOS A LA SUPERFICIE, EXHALAMOS, Y LUEGO IN-HALAMOS EL AIRE SUFICIENTE COMO PARA LLENAR UNA CAMIONE-TA, TODO EN 1,5 SEGUNDOS. LO HACEMOS A TRAVÉS DEL ORIFICIO NASAL SUPERIOR DESDE EL QUE PODEMOS LANZAR UN CHORRO DE AGUA DE HASTA ¡12 METROS DE ALTURA!

TENEMOS BUENOS PULMONES. LOS SERES HUMANOS TENÉIS UNA CAPACIDAD DE 6 LITROS, LA NUESTRA ES DE 5.000 LITROS.

SÓLO QUEDAMOS ENTRE
10.000 y 25.000
BALLENAS AZULES EN EL MUNDO

HOLA, SOY EL
LÉMUR

¿TE GUSTA LA PELOTA? ¡A NOSOTROS TAMBIÉN! NOS ENCANTA FORMAR LAS "PELOTAS DE LÉMURES", EN LAS CUALES NOS ACURRUCAMOS JUNTOS A DORMIR, DÁNDONOS CALORCITO.

TOMAMOS EL SOL POR LA MAÑANA EN UNA POSICIÓN SIMILAR A LA "POSICIÓN DE LOTO", ACTIVIDAD QUE SOLEMOS HACER EN GRUPOS. OOOOOOMMMMH

EL OLOR ES IMPORTANTE PARA NOSOTROS, HASTA EL PUNTO DE QUE EL OLOR PRODUCIDO POR LAS HEMBRAS NOS TRANSMITE INFORMACIÓN SOBRE SU FERTILIDAD, EMBARAZO E INCLUSO EL SEXO DE LA CRÍA.

LA MAYORÍA DE NOSOTROS VIVIMOS EN MADAGASCAR. ¿NOS RECUERDAS DE LA PELI?

SÓLO QUEDAMOS UNOS

2.500

LÉMURES EN EL MUNDO

HOLA, SOY EL
CHIMPANCÉ

AL IGUAL QUE TÚ, NOS DAMOS BESOS, ABRAZOS Y NOS HACEMOS COSQUILLAS… ¡Y TAMBIÉN NOS REÍMOS CUANDO JUGAMOS!

SI NOS ABURRIMOS INVENTAMOS JUEGOS, ¿A QUE TÚ HACES LO MISMO CON TUS AMIGOS?

SOMOS MUY SOCIABLES Y VIVIMOS EN COMUNIDADES DE HASTA 150 CHIMPANCÉS.

NOS GUSTA DORMIR CÓMODOS Y CADA NOCHE FABRICAMOS «NIDOS» PARA DORMIR. A VECES INCLUSO PREPARAMOS UNA ALMOHADA CON LAS HOJAS MÁS TIERNAS. NO SOLEMOS DORMIR EN EL MISMO NIDO DOS VECES.

COMEMOS CON LAS MANOS Y SOMOS CAPACES DE LANZAR OBJETOS Y CREAR HERRAMIENTAS.

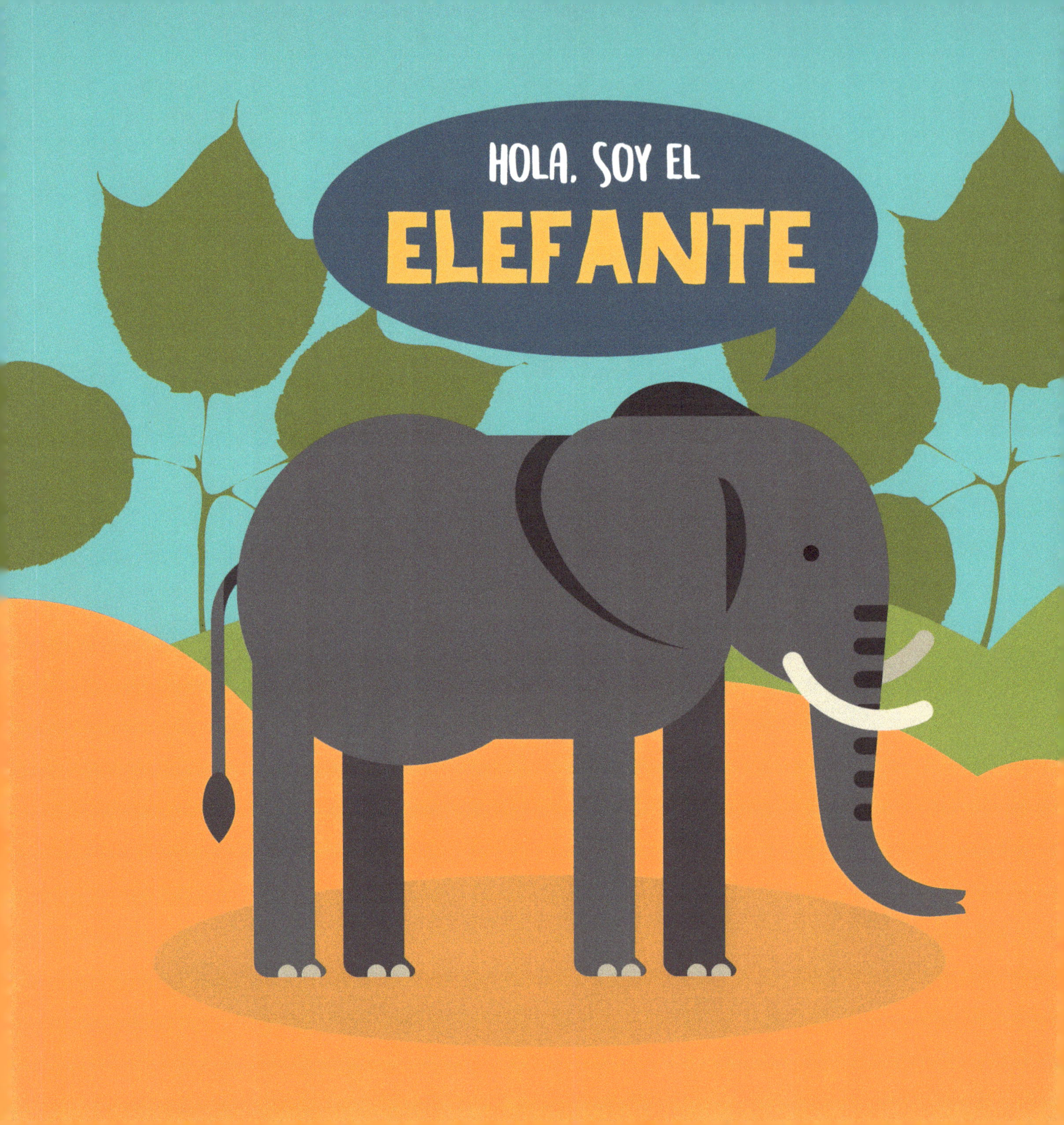

HOLA, SOY EL
ELEFANTE

NUESTROS DIENTES CAMBIAN ALREDEDOR DE 6 Ó 7 VECES A LO LARGO DE NUESTRA VIDA Y NO UNA VEZ, COMO EN LOS HUMANOS. ¡EL RATONCITO PÉREZ NO QUIERE SABER NADA DE NOSOTROS!

SOMOS ANIMALES EXTREMADAMENTE INTELIGENTES, CON UN CEREBRO QUE PESA 5 KILOS. PODEMOS ENTENDER MÁS COSAS QUE CUALQUIER OTRO ANIMAL, EXCEPTO LAS BALLENAS.

PASAMOS MÁS DE 16 HORAS DEL DÍA COMIENDO. DIARIAMENTE CONSUMIMOS UNOS 200 KILOS DE ALIMENTO.

NUESTRA TROMPA POSEE MÁS DE 3.000 MÚSCULOS, TIENE LA PRECISIÓN PARA AGARRAR UNA MONEDA Y LA FUERZA PARA LEVANTAR UN TRONCO. ES A LA VEZ MI NARIZ Y MI LABIO SUPERIOR Y LA USO PARA COMER, BEBER, OLER, RESPIRAR, HACER RUIDOS…

SÓLO QUEDAMOS UNOS

15.000

ELEFANTES AFRICANOS EN EL MUNDO

HOLA, SOY EL
KOALA

ESTÁ BIEN, LO RECONOZCO, SOY MUY DORMILÓN, DUERMO UNAS 20 HORAS AL DÍA. PERO TENGO EXCUSA: MIS DIGESTIONES SON MUY LENTAS ¡Y POR ESO SOY TAN VAGO!

SÓLO ME ALIMENTO DE HOJAS DE EUCALIPTUS. SUELO COMER ALREDEDOR DE UN KILO AL DÍA Y POR SI ACASO ME QUEDO CON HAMBRE, ALMACENO UNAS CUANTAS HOJAS EN MIS MEJILLAS.

LOS PRIMEROS 6 MESES DE VIDA LOS PASAMOS SIN SALIR DE LA BOLSA DE NUESTRA MAMÁ Y LOS OTROS 6 SIGUIENTES O BIEN SUBIDOS A SU ESPALDA O DE NUEVO EN SU BOLSA.

NO BEBEMOS AGUA SALVO CUANDO ESTAMOS ENFERMOS, OBTENEMOS LA QUE NECESITAMOS DE LAS HOJAS DE EUCALIPTUS.

SÓLO QUEDAMOS UNOS

80.000

KOALAS EN EL MUNDO

HOLA, SOY EL
TIGRE

SOY EL FELINO MÁS GRANDE DEL MUNDO, PUEDO LLEGAR A PESAR 370 KILOS.

NO ES POR CHULEAR PERO TAMBIÉN SOY EL MAMÍFERO QUE MÁS ALTO PUEDE SALTAR ¡HASTA 5 METROS DE ALTURA!

NUESTRAS RAYAS, AL IGUAL QUE TUS HUELLAS DACTILARES, SON ÚNICAS EN CADA TIGRE, NO HAY DOS TIGRES CON LAS MISMAS RAYAS.

PODEMOS ALCANZAR VELOCIDADES DE HASTA 90 KM/HORA.

NUESTRO RUGIDO CONTIENE UN TIPO DE ONDAS DE INFRASONIDO INAUDIBLES PARA EL HOMBRE ¡CON EFECTOS ATERRORIZANTES Y PARALIZANTES! ¡GRRRRRRR!

SÓLO QUEDAMOS UNOS
3.200
TIGRES EN EL MUNDO

HOLA, SOY EL
RINOCERONTE

HAY 5 ESPECIES DE RINOCERONTES: BLANCO, NEGRO, DE JAVA, DE LA INDIA Y DE SUMATRA.

PODEMOS SOBREVIVIR HASTA 5 DÍAS SIN BEBER AGUA.

NUESTRO CUERNO FRONTAL CRECE DURANTE TODA NUESTRA VIDA. EL CUERNO MÁS GRANDE REGISTRADO HASTA EL MOMENTO ALCANZÓ ¡1,58 METROS! ¡PROBABLEMENTE MÁS DE LO QUE MIDES TÚ!

NUESTRA VISTA ES UN POCO MALA PERO OLEMOS Y ESCUCHAMOS BASTANTE BIEN PARA SUPLIR ESA CARENCIA.

SI UN PEQUEÑO RINOCERONTE ES AMENAZADO POR UN DEPREDADOR, LOS ADULTOS HACEMOS UN CÍRCULO PARA PROTEGERLO.

SÓLO QUEDAN UNOS

63

RINOCERONTES DE JAVA EN EL MUNDO

HOLA, SOMOS LOS
OSOS POLARES

SOMOS UNOS GRANDES NADADORES. PODEMOS NADAR ENTRE 30 Y 100 KILÓMETROS SIN PARAR.

NOS HEMOS ADAPTADO A VIVIR A -30°C, EN EL POLO NORTE. ¿NUESTRO SECRETO PARA AGUANTAR ESE FRÍO? UNA CAPA DE GRASA DE UNOS 10 CMS Y QUE NUESTRO PELO REPELE EL AGUA.

COMEMOS UNOS 30 KILOS DE COMIDA AL DÍA ¡CASI NADA!

¿QUIERES ALUCINAR? ¡NO SOMOS BLANCOS! EN REALIDAD NUESTRO PELO ES TRANSLÚCIDO. ENTRE LOS PELOS SE ENCUENTRAN UNAS BOLSITAS DE AIRE QUE REFLEJAN LA LUZ HACIENDO QUE LUZCAMOS ESE COLOR BLANQUECINO. ES POR ESO QUE, DEPENDIENDO DE LA INTENSIDAD DEL SOL O ÉPOCA DEL AÑO, PUEDES VERNOS TAMBIÉN EN TONOS AMARILLENTOS O INCLUSO MARRONES.

SÓLO QUEDAMOS UNOS
20.000
OSOS POLARES EN EL MUNDO

HOLA, SOY LA
JIRAFA

PASAMOS LA MAYOR PARTE DE NUESTRA VIDA DE PIE, INCLUSO DORMIMOS CASI SIEMPRE DE PIE.

MEDIMOS ENTRE 4 Y 6 METROS Y NUESTRA LENGUA ES TAN LARGA QUE PUEDE LLEGAR HASTA LOS 50 CENTÍMETROS.

COMO SOMOS TAN ALTAS, NUESTRAS CRÍAS RECIBEN UNA DURA BIENVENIDA AL MUNDO, ¡LA CAÍDA AL SUELO AL NACER ES DE MÁS DE 1.5 METROS!

AFORTUNADAMENTE, UNA JIRAFA BEBÉ PUEDE PONERSE DE PIE E IN-CLUSO CORRER, A UNA HORA DE RECIÉN NACIDO.

UNA PATADA CON UNA DE NUESTRAS LARGAS PATAS PUEDE CAUSAR DAÑOS GRAVES E INCLUSO MATAR A UN LEÓN.

SÓLO QUEDAMOS UNAS

100.000

JIRAFAS EN EL MUNDO

HOLA, SOY EL
LEOPARDO DE LAS NIEVES

SOMOS MAESTROS DEL CAMUFLAJE Y ESTAMOS PERFECTAMENTE EQUIPADOS PARA VIVIR EN LAS MONTAÑAS.

MI COLA, MUY LARGA Y ESPESA, TIENE UNA DOBLE FUNCIÓN: ME PERMITE MANTENER EL EQUILIBRIO EN TERRENOS ESCARPADOS Y POR OTRO LADO, TAMBIÉN ME SIRVE PARA ABRIGARME EL CUERPO ENROLLÁNDOMELA ALREDEDOR DE ÉL EN EL CRUDO INVIERNO.

SOMOS DE LOS POCOS GRANDES FELINOS QUE NO RUGIMOS.

HABITAMOS EN LAS ALTURAS DEL HIMALAYA Y LAS ALTAS MONTAÑAS DE ASIA CENTRAL, A ENTRE 2.000 Y 6.000 METROS DE ALTURA.

SÓLO QUEDAMOS UNOS

4.000

LEOPARDOS DE LAS NIEVES EN EL MUNDO

HOLA, SOY LA
NUTRIA

BUCEAMOS HASTA 90 METROS BAJO EL AGUA PARA ENCONTRAR COMIDA. SI NO PODEMOS ABRIR LAS CONCHAS DE NUESTRAS PRESAS CON NUESTRAS GARRAS, USAMOS PIEDRAS PARA APLASTARLAS.

NUESTROS BIGOTES SON MUY SENSIBLES Y ES UNO DE LOS PRINCI-PALES SENTIDOS EN LOS QUE CONFIAMOS PARA ENCONTRAR COMIDA.

SOMOS CARIÑOSAS Y NOS DAMOS MUESTRAS DE AFECTO CONSTAN-TEMENTE. CUANDO DORMIMOS EN TIERRA FIRME, SOLEMOS HACER-LO ABRAZADAS CON FUERZA A OTRA NUTRIA, PARA CUIDAR DE ELLA; Y CUANDO DORMIMOS EN EL AGUA, NOS DAMOS LA MANO PARA NO SEPARARNOS.

AL HACERNOS MAYORES, EL PELAJE SE VUELVE BLANCO, CUANDO ESTO OCURRE, LOS OTROS MIEMBROS DE LA FAMILIA NOS TRATAN CON MÁS RESPETO Y NOS DAN EL MEJOR ALIMENTO.

SÓLO QUEDAMOS UNAS

300.000

NUTRIAS EN EL MUNDO

HOLA, SOY EL
OSO PARDO

LOS OSOS PARDOS NO SOMOS SIEMPRE MARRONES, PODEMOS SER ROJOS, MARRONES, CREMA, BICOLORES O CASI NEGROS.

SOMOS EL MAMÍFERO TERRESTRE MÁS GRANDE DEL CONTINENTE EUROPEO.

VIVO EN LOS BOSQUES Y MONTAÑAS DE AMÉRICA DEL NORTE, EUROPA Y ASIA.

AUNQUE TENEMOS FAMA DE CARNÍVOROS FEROCES, EN REALIDAD OBTENEMOS HASTA EL 90 % DE NUESTRAS CALORÍAS DE LA VEGETACIÓN. ¡ÑAM!

LOS OSOS PARDOS RECIÉN NACIDOS ESTÁN CIEGOS Y PESAN SÓLO DE 340 A 680 GRAMOS. NUESTROS CACHORROS CRECEN RÁPIDAMENTE Y ALCANZAN LOS 25 KILOS A LOS 6 MESES.

SÓLO QUEDAMOS UNOS

200.000

OSOS PARDOS EN EL MUNDO

HOLA, SOY EL
TAPIR

SOY UNO DE LOS ANIMALES MÁS ANTIGUOS SOBRE LA TIERRA: HE VIVIDO EN ESTE PLANETA CERCA DE 35 MILLONES DE AÑOS.

NUESTRO CARACTERÍSTICO COLOR NEGRO Y BLANCO NOS AYUDA A CAMUFLARNOS ENTRE LA MALEZA EN ESPACIOS CLAROSCUROS.

TENEMOS UN AGUDO SENTIDO DEL OÍDO Y EL OLFATO, LO QUE ME RESULTA MUY ÚTIL PARA ENCONTRAR COMIDA, DETECTAR PELIGROS Y LOCALIZAR A OTROS TAPIRES. DE HECHO, OÍDO Y OLFATO COMPENSAN MI MALA VISIÓN.

SOY DISCRETO, SOLITARIO E INOFENSIVO, DE COSTUMBRES SENCILLAS.

TENGO UN HOCICO ALARGADO, SIMILAR A UNA TROMPA, QUE ME PERMITE ALIMENTARME DE RAÍCES Y HOJAS.

SÓLO QUEDAMOS UNOS

2.000

TAPIRES EN EL MUNDO

HOLA, SOY EL
LEÓN

UTILIZAMOS NUESTRO RUGIDO PARA COMUNICARNOS CON OTROS LEONES Y PUEDE OÍRSE HASTA A MÁS DE 6 KILÓMETROS DE DISTANCIA.

TE PUEDE SORPRENDER PERO SOMOS MUY PEREZOSOS Y PODEMOS LLEGAR A DORMIR HASTA 20 HORAS AL DÍA.

NUESTRA MANDÍBULA ES UNA DE LAS MAYORES ARMAS MORTALES DE TODA LA NATURALEZA, TIENE UNA GRAN FUERZA Y PODEMOS LLEGAR A ABRIRLA MÁS DE 30 CENTÍMETROS.

MI SENTIDO DE LA VISTA ES UNAS 6 VECES MÁS SENSIBLE QUE EL DE UN SER HUMANO ¡NO TE ESCONDAS QUE TE VEO DESDE AQUÍ!

VIVIMOS EN MANADAS COMPUESTAS POR UNOS 40 LEONES.

SÓLO QUEDAMOS UNOS
30.000
LEONES EN EL MUNDO

HOLA, SOY EL
PEREZOSO

SOMOS CONOCIDOS POR NUESTRA LENTITUD, Y ES QUE POSEEMOS MUY POCA MASA MUSCULAR Y UN METABOLISMO MUY LENTO.

LA COLORACIÓN DEL VELLO FACIAL CORTO NOS DOTA DE UNA EXPRESIÓN DE SONRISA ETERNA.

SOY UN ANIMAL SOLITARIO QUE SE PASA EL TIEMPO DURMIENDO (UN PROMEDIO DE 9,6 HORAS) Y COMIENDO EN LAS COPAS DE LOS ÁRBOLES. ¡QUÉ RELAX!

SI TE FIJAS BIEN TENGO MANCHAS COLOR VERDE EN MI CUERPO ¿SABES POR QUÉ? ¡PORQUE CRECEN ALGAS EN MI PELAJE!

ME MUEVO TAN DESPACIO QUE NO ES FÁCIL SABER SI ESTOY DURMIENDO O MOVIÉNDOME ¡HAY QUE TOMÁRSELO TODO CON CALMA!

SÓLO QUEDAMOS UNOS

3.200

PEREZOSOS PIGMEOS EN EL MUNDO

HOLA, SOY EL
OSO PANDA

ME CHIFLA EL BAMBÚ Y PUEDO PASAR MÁS DE MEDIO DÍA SÓLO SABOREÁNDOLO Y DEGUSTÁNDOLO. NECESITO COMER AL MENOS ¡12 KILOS DE BAMBÚ AL DÍA!

TENEMOS SIETE VECES MÁS DIENTES QUE LOS HUMANOS. DIENTES GRANDES QUE FACILITAN LA MASTICACIÓN DEL BAMBÚ, ¿TE HE DICHO YA QUE ME ENCANTA?

SOMOS ANIMALES SOLITARIOS. NOS GUSTA TENER GRAN PARTE DEL BOSQUE SÓLO PARA NOSOTROS PORQUE NO TENEMOS SUFICIENTE ENERGÍA PARA COMPETIR CON OTROS PANDAS POR LA COMIDA, EL TERRITORIO Y LAS PAREJAS. ¡VIVE Y DEJA VIVIR!

NO HIBERNAMOS COMO SÍ HACEN OTROS OSOS.

SÓLO QUEDAMOS UNOS

2.000

OSOS PANDA MADUROS EN LIBERTAD

SON TODOS MARAVILLOSOS, ¿VERDAD QUE SÍ?
Y AHORA PENSARÁS, ¿QUÉ PUEDO HACER YO PARA SALVARLOS? ¡SI SÓLO SOY UN NIÑO! ¡PUES PUEDES HACER MUCHÍSIMO!

LO PRIMERO CONTAR TODO LO QUE HAS APRENDIDO A TUS AMIGOS Y FAMILIARES, PARA QUE ELLOS TAMBIÉN SEAN CONSCIENTES DE LO GENIALES QUE SON LOS ANIMALES ¡Y SEPAN QUE ESTÁN EN PELIGRO!

ASÍ, ENTRE TODOS, PODREMOS CAMBIAR LOS MALOS HÁBITOS QUE ESTÁN DESTRUYENDO EL PLANETA Y CON ELLO, MUCHAS ESPECIES DE ANIMALES Y NUESTRO PROPIO BIENESTAR Y FUTURO.

A CADA ESPECIE ANIMAL LES AMENAZA UN PELIGRO DISTINTO PERO POR LO GENERAL SUS PEORES ENEMIGOS SON LA CAZA INDISCRIMINADA Y LA DESTRUCIÓN DE SU HÁBITAT, DEL LUGAR DONDE VIVEN.

¿QUÉ PUEDES HACER PARA CUIDAR EL PLANETA?

LLEVAR A CABO ESTOS CONSEJOS E INFORMAR DE ELLOS A TUS AMIGOS Y FAMILIARES:

AHORRA ENERGÍA APAGANDO LAS LUCES ENCENDIDAS SIN NECESIDAD Y DESENCHUFANDO LA CONSOLA, EL ORDENADOR, LA TELE...

REDUCE LA CANTIDAD DE BASURA QUE GENERAS, DE PAPEL EMPLEADO, DE AGUA CONSUMIDA (CIERRA EL GRIFO DEL AGUA CUANDO NO LA USES Y DÚCHATE MEJOR QUE BAÑARTE).

CONSUME ALIMENTOS LOCALES CUANDO SEA POSIBLE. APOYARÁS A LOS AGRICULTORES LOCALES Y NO SERÁN NECESARIAS LAS EMISIONES DE CARBONO DEL TRANSPORTE QUE TE LAS TRAE DESDE LA OTRA PUNTA DEL PAÍS O DEL MUNDO.

REDUCE EL PLÁSTICO DEJANDO DE UTILIZAR OBJETOS DE UN SOLO USO, COMO LAS BOLSAS DE PLÁSTICO, LAS PAJITAS, LAS TAPADERAS DE PLÁSTICO DE LAS BEBIDAS... ¡NO NOS GUSTA EL PLÁSTICO! ¿A QUE NO?
SIEMPRE QUE SEA POSIBLE VE AL COLE ANDANDO O EN BICI, ¡ASÍ MANTIENES MÁS LIMPIO EL AIRE!

NO COMPRES PRODUCTOS QUE CONTENGAN ACEITE DE PALMA, MUCHAS VECES PROCEDE DE FUENTES POCO ÉTICAS LO QUE CONTRIBUYE A LA DEFORESTACIÓN Y A LA PÉRDIDA DE NUESTROS HÁBITATS.

RECICLA TODOS LOS MATERIALES QUE PUEDAS, DESDE EL PAPEL A LA ROPA PASANDO POR TUS JUGUETES. HAY MUCHAS COSAS QUE SE PUEDEN REUTILIZAR O DAR UNA NUEVA VIDA, USA TU IMAGINACIÓN Y REGALA LO QUE YA NO UTILICES.

USA LOS CONTENEDORES PARA EL RECICLAJE.

REDUCE, REUTILIZA, RECICLA.

¡¡MUCHAS

GRACIAS!!